AF314249

# HOMELIE XVIII.

## POUR LE QUINZIÉME

# DIMANCHE

## D'APRÉS LA PENTECÔTE,

## SUR

# LA VEUVE DE NAIM.

*Par M. le Curé de S. Sulpice de Paris.*

A PARIS,

Chez RAYMOND MAZIERES, ruë S. Jacques, prés la ruë
du Plâtre, à la Providence.

M. DCCVII.

*AVEC APPROBATION ET PRIVILEGE DU ROY.*

# TEXTE

# DU SAINT EVANGILE

## SELON SAINT LUC.

EN ce temps-là : Jesus alloit dans une ville, nommée Naïm, suivi de ses Disciples, & d'une grande multitude de peuple. Lorsqu'il fut prés de la porte de la ville, il se rencontra que l'on portoit un mort en terre, fils unique d'une veuve, qui étoit accompagnée de beaucoup de gens de la ville Le Seigneur l'ayant vûë, en eut compassion, & luy dit : Ne pleurez point : & s'étant approché du cercüeil, il le toucha. Ceux qui le portoient s'arrêterent, & il dit : Jeune homme, je vous commande de vous lever. Et le mort se leva sur son séant, &

4

commença à parler ; & il le donna à sa mere.
Tous furent saisis de crainte, & ils loüoient
Dieu, disant : Un grand Prophete a paru parmy nous, & Dieu a visité son peuple. *Luc.* 7.
*vers.* 11.

# HOMELIE DIX-HUITIE'ME
## SUR LA
# VEUVE DE NAIM.

IEN ne peut mieux convenir à l'Evangile d'aujourd'huy, mes tres-chers freres, que cette parole du Sage : Il est infiniment plus utile d'aller dans une maison où l'on pleure, que dans celle où l'on se réjoüit : *melius est ire ad domum luctûs quàm ad domum con- vivii.* La premiere, par la considération de la mort, nous instruit & nous détrompe de la vanité du monde. La seconde, par le trop grand amour de cette vie, nous fait oublier les biens de l'autre. D'ailleurs, si rien ne nous frappe davantage que l'aspect inopiné d'un cadavre qu'on porte au tombeau, parce que ce nous est un triste avantcoureur de nôtre fin prochaine : rien aussi ne peut plus nous consoler que la vûë d'un défunt qui ressuscite, parce que ce nous est une arrhe

*Eccle. 7. 3.*

aſſurée de nôtre reſurrection future. Quel plus grand
contre-poids à l'horreur naturelle que nous avons de
la mort ? Pourquoy donc, le fidelle Chrêtien la crain-
droit il, dit ſaint Cyprien ? Que celuy-là craigne la
mort, ajoûte ce Pere, qui n'étant pas regeneré, n'a
pas de ſeconde vie à eſperer. Que celuy-là craigne la
mort, qui n'étant pas vivifié dans la croix du Sauveur, n'a aucun droit à la gloire de la Reſurrection.
Que celuy-là craigne la mort, qui paſſant de ce monde en l'autre, paſſe d'une premiere mort à une ſeconde. Que celuy-là craigne la mort, qui de l'ardeur
des convoitiſes du ſiecle, doit paſſer dans le feu des
Enfers. Que celuy-là craigne la mort à qui la pro-
longation de quelques années, n'eſt qu'un délay d'u-
ne éternité malheureuſe ; car autrement, pourroit-on
croire que nous regardons la mort comme une porte heureuſe qui nous introduit à la preſence du Seigneur, pour nous faire participer à ſa joye ? Si nous
ne quittons cette vie qu'avec regret & malgré nous,
traînez par force plûtôt que conduits par amour devant luy, comment croire que nous prions, & que
nous demandons ſincerement que le Royaume des
Cieux nous arrive, ſi nôtre eſclavage terreſtre nous
plaît ſi fort encore ? *quid ergo rogamus ac petimus ut
adveniat regnum cælorum, ſi captivitas terrena delectat?*
Ah ! combien de fois le Seigneur a-t-il daigné par
des ſignes viſibles & reïterez, nous reveler à nous,
le moindre de ſes ſerviteurs, *nobis quoque minimis
quoties revelatum eſt* ; combien de fois nous a-t-il
enjoint, que nous euſſions à prêcher aſſiduëment,
publiquement & fortement, *quàm frequenter atque ma-*

nifeste *de Dei dignatione præceptum est, ut constanter, assi-
duè & publicè prædicarem* , qu'il ne faut point pleurer nos freres, quand il plaît à Dieu de les délivrer
de ce siecle, & de les appeller à luy : *fratres nostros non
esse lugendos accersione dominica de sæculo liberatos.* Puisque
nous sçavons qu'ils ne sont pas perdus pour nous, &
qu'ils ne font qu'aller devant nous : *cum sciamus non eos
amitti, sed præmitti :* & que nous ne devons pas non
plus porter le deüil de leur mort, ni prendre des
habits noirs icy-bas sur la terre, sçachant qu'ils se
sont revêtus de vêtemens blancs dans le Ciel ? *nec
accipiendas esse hîc atras vestes quando illi ibi indumenta
alba jam sumpserint :* que c'est donner occasion aux
Gentils de se mocquer de nous, voyant que nous
pleurons comme perdus ceux que nous assurons être
vivans devant Dieu, *occasionem dandam non esse gentibus,
ut nos jure ac merito reprehendant, quod quos vivere apud
Deum dicimus, ut extinctos & perditos lugeamus,* démen-
tant ainsi par nôtre conduite & par nos actions, la
foy que nous prêchons par nos paroles, *& fidem quam
sermone, & voce depromimus, cordis & pectoris testimo-
nio reprobemus.*

Tels étoient les sentimens des premiers Chrêtiens,
vivans selon l'Evangile. Voyons dans l'Evangile même d'aujourd'huy, comment nôtre divin Sauveur les
confirme par son exemple.

## PREMIERE CONSIDERATION.

*Combien grande a été l'affliction de la nature humaine,
lorsqu'elle s'est vûë condamnée à la mort.*

Quelque lugubre que soit le Convoy qu'on vient

d'exposer à nos yeux, mes tres-chers freres, il doit cependant bien moins nous furprendre par ce qu'il est, que par ce qu'il reprefente. En effet, felon les Peres, toûjours attentifs aux myfterieufes fignifications de l'Ecriture, laquelle fous l'écorce d'un miracle ou d'un fait hiftorique, renferme ce qu'il y a de plus grand, de plus édifiant & de plus inftructif dans la Religion, cette trifte ceremonie d'aujourd'huy, poffible peu confidérable, fi l'on n'en regarde que l'exterieur, n'eft rien moins, dans ce qu'elle figure, que l'image des funérailles de tout le genre humain, lefquelles commencerent à fe celebrer dés le commencement du monde, lorfqu'on porta l'homme au tombeau, & qui dureront jufqu'à la fin du monde, lorfqu'on fera fortir l'homme du tombeau. Ceffons donc de regarder nôtre Evangile comme une hiftoire du temps paffé qui ne nous concerne pas, apprenons dans le malheur d'autruy, d'envifager & de déplorer le nôtre, & trouvons dans celuy de la veuve de Naïm nos propres difgraces.

1°. C'étoit une femme, & qui dit une femme, & une femme affligée, dit une perfonne infirme & foible, bien moins capable qu'un homme de fupporter les adverfitez. Car, où trouver une femme forte, dit le Sage? Il eft vray que c'eft la chofe du monde la plus précieufe, mais il eft vray auffi que c'eft la chofe du monde la plus rare : *Mulierem fortem quis inveniet, procul & de* Pro. 31. 10. *ultimis finibus pretium ejus.* Joab, pour attendrir le cœur de David, & pour le porter à la mifericorde, ne vid rien de plus touchant, que de luy envoyer une femblable femme : Allez vous-en toute éplorée, luy dit-

*il*

il , & revêtuë d'un habit lugubre , vous jetter aux
pieds du Roy, comme une femme plongée dans l'affliction , & qui pleure son fils mort depuis long-
temps : *lugere te simula , & indue te veste lugubri , &* 2. *Reg.* 14. 1.
*sis quasi mulier jam plurimo tempore lugens filium.*

2°. En second lieu, c'étoit une veuve, *& hæc vidua
erat*, nouveau motif de compassion, elle se voyoit de-
stituée du secours d'un mary, des enfans, & de tout
appuy , comme le sont d'ordinaire les veuves : c'est
pourquoy , le Seigneur ordonne que les Magistrats en
soient les deffenseurs : *defendite viduam*, & il se dit luy- *Isa.* 1. 17.
même le vangeur des veuves opprimées, *facit judicium* *Deuter.* 10.
*viduæ.* Le saint homme Job se soûtenoit dans ses mal-  18.
heurs, par le doux souvenir, que du temps de ses pros-
peritez passées, il avoit consolé le cœur de la veuve,
*& cor viduæ consolatus sum,* & qu'il ne l'avoit jamais fait 29. 13.
languir dans l'attente de la justice, & de la protection
qu'il luy devoit, voulant que le Seigneur le punît,
s'il étoit tombé dans une telle inhumanité, *si oculos* 31. 16.
*viduæ expectare feci.* Deffendez moy, grand Roy, disoit une autre femme désolée au saint Roy David,
deffendez moy , misericordieux Prince , parce que ,
helas ! je suis une malheureuse veuve : *serva me Rex,* 2. *Reg.* 14.
*heu mulier vidua ego sum.* Le Sauveur dans son Evangile, 4.
a renouvellé ces devoirs & ces loix, lorsqu'il mena-
ce de sa malediction ces hypocrites, qui sous une ap-
parence de devotion, devorent le bien des veuves :
*Væ quia comeditis domos viduarum.* Voicy donc une fem- *Mat.* 23. 14.
me, & une femme veuve affligée.

3°. En troisième lieu , c'étoit une mere dont
rien n'égale la tendresse pour ses enfans quand elle

les poſſede, non plus que la douleur quand elle les
perd : douleur tout autre que celle du pere, qui
d'ailleurs eſt plus fort pour ſoûtenir ces rudes coups.
N'eſt-ce pas ainſi que Tobie ſe conſoloit dans ſon
aveuglement & ſes tribulations, & qu'il encoura-
geoit ſon épouſe à la patience, tandis que celle-cy,
plus foible, ne voyant pas revenir ſon cher fils au
temps marqué, & craignant qu'il ne luy fût arrivé
quelque deſaſtre, ne ceſſoit de verſer continuellement des larmes, *flebat mater ejus irremediabilibus la-*
*crymis*, & diſoit ſans ceſſe : Ah ! mon cher fils, mon
cher fils, pourquoy vous avons-nous envoyé ſi loin ?
vous qui êtes la lumiere de nos yeux, le bâton de
nôtre vieilleſſe, le ſoulagement de nôtre vie, l'eſperance de nôtre poſterité ? *Heu ! heu ! me fili mi, ut*
*quid te miſimus peregrinari ? lumen oculorum noſtrorum, ba-*
*culum ſenectutis noſtræ, ſolatium vitæ noſtræ, ſpem poſte-*
*ritatis noſtræ.*

4°. Quatriémement, c'étoit un fils que perdoit cette déſolée mere, perte encore plus ſenſible que celle
d'une fille : N'eſt-ce pas ce qui perçoit le cœur pater-
nel de David à la mort d'Abſalom, quoy que ce fût
un fils méchant & dénaturé : Abſalom, diſoit ce pere affligé, Abſalom, mon cher fils, mon cher enfant Abſalom, que ne puis-je donner ma vie pour
la vôtre, que ne puis-je racheter vôtre mort par la
mienne, Abſalom mon cher fils ? *Contriſtatus itaque*
*Rex ſic loquebatur vadens : fili mi Abſalom, Abſalom fili*
*mi, quis mihi tribuat ut ego moriar prote, Abſalom fili mi,*
*fili mi Abſalom.*

5°. Cinquiémement, c'étoit un fils unique, dont

Tob. 4.

Ibid.

2. Reg. 18.
33.

cette mere affligée déploroit la mort , *filius unicus matris suæ* : Elle perdoit en luy toute sa joye, sa consolation, son appuy : c'étoit le seul à qui elle eût donné le jour ,& le seul qui luy eût fait éprouver les douleurs de l'enfantement, & la consolation d'avoir mis au monde un homme : c'étoit le seul qu'elle eût allaité de ses mammelles, dit saint Gregoire de Nisse , exposant le sort de cette mere affligée, *primogenitus & unigenitus*, porte le Texte original. Quel ennuy de ne le voir plus? Est-il possible que je vous aye perdu, mon cher amy, Jonathas , s'écrioit le saint Roy David, vous que j'aimois autant qu'une mere aime son fils unique : *sicut mater unicum amat filium suum , ita ego te diligebam.* Ne fut-ce pas aussi par cet endroit, que ce pere infortuné de l'Evangile, vouloit attendrir Jesus-Christ sur la misere de son fils, possedé du démon, lorsqu'il luy disoit , fondant en pleurs , & prosterné par terre : Seigneur, ayez pitié de mon fils : *Domine, miserere filio meo :* & pourquoy particulierement? helas ! c'est que je n'ay que celuy-là seul, il est mon fils unique : *obsecro te respice in filium meum, quia unicus est mihi.*

2. Reg. 14. 26.
Mat. 17. 14.
Luc. 9. 8

6°. En sixiéme lieu, c'étoit un fils à la fleur de son âge, *adolescens*, nouveau trait qui redoubloit la douleur de la mere , ainsi que remarque le même saint Gregoire : il étoit parvenu à l'âge nubile, & sa mere, en le perdant , perdoit la douce esperance de voir revivre son mary dans les enfans de son fils , elle voyoit disparoître avec luy le soûtien de sa famille, la gloire de sa posterité : elle voyoit en sa mort l'extinction de sa race, & l'oubly de son nom :

elle se voyoit tomber dans l'opprobre de la sterilité, dont la Prophetesse Anne remercioit le Seigneur de l'avoir délivrée : *in diebus quibus respexit auferre oppro-brium meum inter homines*, & elle comptoit déja son heritage comme passé dans une maison étrangere. Telles étoient les lamentations d'une autre femme, pour exciter David à compassion : Grand Roy, luy disoit-elle, ayez pitié de moy, on cherche à faire mourir le seul heritier que j'aye au monde, on veut éteindre jusqu'à la moindre petite éteincelle de ma race, afin qu'il n'y ait plus de rejetton sur la terre qui puisse faire revivre mon mary, & conserver son nom sur la terre : *deleamus heredem, &c. & quærunt extinguere scintillam meam, quæ relicta est, ut non supersit viro nomen, & reliquiæ super terram.* Voilà l'état où se trouvoit celle dont nous parlons aujourd'huy, elle perdoit un fils unique premier né, parvenu à l'âge viril : elle voyoit mourir en luy tous ses enfans, & qu'elle avoit eû, & qu'elle eût pû avoir : en un mot, elle ensevelissoit avec luy, son bien, son nom, sa race, sa posterité, son heritier, ses plaisirs, ses honneurs, & elle-même, dit encore saint Gregoire : *in uno filio omnes quos habuerat aut habere potuisset sepeliebat : in filio scilicet primogenito, & unigenito, masculo, adolescente, & unà cum illo bona, nomen, stirpem, hæreditatem, voluptatem, honorem, & seipsam sepeliebat.* Peut-on voir une femme plus malheureuse ? combien ces tristes considerations tiroient-elles de larmes de ses yeux ? que de lamentations & de regrets dans sa bouche ? que de marques de tristesse & de désolation sur son visage?

*Luc.* 1. 25.

2. *Reg.* 14. 7.

7°. Enfin, cette femme étoit si digne de pitié, que toute la ville émûë & touchée, participoit à sa douleur : chacun étoit affligé avec elle, c'étoit un dëüil universel & public : *& turba civitatis multa cum illâ.* Les Citoyens étonnez, sortis de chez eux, accompagnoient cette pompe funebre, & cette mere désolée étoit au milieu d'eux, plus morte que son fils qu'on portoit en terre : rien de plus lamentable que ce convoy, dit S. Ambroise : tout imprimoit la tristesse, tout imposoit un morne silence, tout causoit l'étonnement dans les spectateurs : *Turba ista civitatis multa* [Fre. L. 5. n. 83.] *incedens, facit ad meritum gravitatis, & ad consolandam viduam mœroris societate, funeris pompâ, & solemnitate :* & non sans cause, puisqu'aprés tout, la mort est le plus grand & le plus irremediable des maux : ce n'étoit pas un febricitant, un hydropique, un paralytique, un malade qui pût demander la santé, c'étoit un mort qu'on portoit sans esperance de retour : *ecce defunctus efferebatur.* Le bienheureux homme Job souffrit sans s'émouvoir, la perte de ses biens, mais quand on luy annonça la mort de ses enfans, il tomba par terre. Jacob voyant la robe ensanglantée de son cher fils, déchira ses vêtemens, & ne voulut recevoir aucune consolation. Le Prophete entend la voix de Rachel, cette mere affligée, & il dit qu'elle ne veut admettre aucun adoucissement à son mal, parce que ses enfans ne sont plus : *Vox in Rama audi-* [Mat. 2. 18.] *ta est, ploratus & ululatus multus, Rachel plorans filios suos, & noluit consolari, quia non sunt.* Le Sage nous permet de pleurer en ces occasions : Pleurez, dit-il, sur un mort, parce que sa vie est éteinte, *super mor-* [Eccl. 22. 10.]

*tuum plora, defecit enim lux ejus.* Le Sauveur même a voulu se troubler & répandre des larmes sur la mort de
Lazare, *& lacrymatus est Jesus.* Mais quelque grande
que fut la douleur de la Veuve de Naïm, & quelque touchante description que nous en fasse l'Evangile dans son eloquente & noble simplicité, qu'est-
elle en comparaison de l'affliction que ressentit la
nature humaine quand elle se vid condamnée à la
mort, & dont celle-cy n'a été qu'une legere figure?

Quel coup de foudre pour nôtre premier Pere, &
pour toute sa posterité, renfermée malheureusement
en luy, lorsque chassé du sejour de la vie, il entendit cet arrest terrible : Souvenez-vous, ô homme, que
vous êtes poudre, & que vous retournerez en poudre? Quelle fut alors sa consternation ? son ame a-
voit été créée dans une entiere innocence, sainteté,
perfection ; son corps dans un état, incomparable
de force, de santé, de beauté; & sans passer par les
infirmitez de l'enfance, le souverain Ouvrier l'avoit
rendu tel qu'on est à l'âge viril, & dans une floris-
rissante jeunesse : fait à l'image & semblance de son
Createur, doüé comme luy d'entendement & de volonté, capable de vivre de connoissance & d'amour ;
sanctifié par l'infusion de la grace justifiante, des
vertus & des dons du saint Esprit : sçavant, libre, in-
telligent : exemt de tous maux, corporels & spiri-
tuels, exterieurs & interieurs, de douleur, de tristesse, d'ignorance, de maladie, de vieillesse, & de
mort : parfait selon le corps & selon l'ame, dans
l'ordre naturel & surnaturel : mis dans le Paradis terrestre, lieu de delices, comme dans une ombre de vie,

pour de là être transferé dans la possession de la gloire éternelle, pourvû qu'il gardât le commandement du monde le plus aisé : mais, ô malheur ! nos premiers parens, par un aveuglement & une ingratitude incomprehensible le transgresserent, & aussi-tôt tout changea pour eux : ils perdirent l'innocence & la justice originelle, & avec elle, leur bonheur, & l'empire qu'ils avoient sur les animaux, & sur eux-mêmes ; ils furent dépoüillez de la grace, chassez du Paradis, condamnez aux miseres de la vie, auxquelles nous sommes tous sujets, au travail, à la pauvreté, à la faim à la soif, au chaud, au froid, aux maladies, à la vieillesse, & enfin à la mort temporelle, figure de la mort spirituelle & éternelle qu'ils avoient encouruë : la lumiere de leur esprit s'obscurcit, leur volonté se porta au mal, leur liberté s'affoiblit, leurs passions se revolterent, ils déchurent du droit qu'ils avoient à la vie éternelle : l'homme fut condamné de gagner sa vie à la sueur de son visage, & la femme aux douleurs de l'enfantement : les creatures inferieures ne les reconnurent presque plus : l'ordre admirable de l'Univers créé pour l'homme, fut renversé : les enfans furent dés-lors enveloppez dans le crime & le châtiment de leur pere, ils virent par ses yeux le fruit deffendu, ils le convoiterent par sa volonté, ils le cueillirent par sa main, ils le mangerent par sa bouche ; les ruisseaux furent corrompus dans leur source, & les fruits gâtez dans leur racine ; en sorte que nous venons tous en ce monde dégradez, criminels, enfans d'ire & de malediction, ennemis de Dieu, esclaves du diable, condamnez à la mort, & infectez du peché originel, ainſi que les ſerpens du venin de leur pere : de cette ſorte, Adam & Eve receurent le coup de la mort par la morſure du ſerpent, dont le venin infecta leur corps & leur ame, & y engendra une fourmilliere de miſeres, aprés quoy ils ne firent plus que languir dans les peines & les douleurs, juſqu'à ce que le peché qui les avoit chaſſé du Paradis les eût chaſſé de la terre.

Quel fut donc encore une fois l'étonnemenr de nôtre premier Pere, quand de ce haut degré de gloire où il avoit été élevé, il ſe vid chaſſé du Paradis, & qu'il entendit ces paroles formidables : Parce que vous avez écouté la voix de vôtre femme, & que vous ayez mangé du fruit deffendu, la terre ſera maudite à cauſe de vous : elle vous produira des ronces & des épines, vous mangerez l'herbe de la terre, & le pain à la ſueur de vôtre front, juſqu'à ce que vous retourniez en la terre d'où vous avez été tiré, car vous *Gen. 3. 19.* êtes poudre, & vous retournerez en poudre : *donec revertaris in terram de qua ſumptus es, quia pulvis es, & in pulverem reverteris.* Aprés quoy, le Seigneur le mit hors du jardin de volupté, & le chaſſa de ce lieu de délices : *& emiſit, ejecitque eum de paradiſo voluptatis.* Et c'eſt ainſi, comme dit l'Apôtre, que le peché étant entré dans le monde par un homme, & la mort y étant entrée par le peché, la mort a paſſé dans tous les hommes, par celuy en qui tous les *Rom. 5. 12.* hommes ont peché : *propterea ſicut per unum hominem peccatum in hunc mundum intravit, & per peccatum mors, & ita in omnes homines mors pertranſiit, in quo omnes peccaverunt.*

*reverunt.* De là, ces funerailles perpetuelles qui ne finiſſent point, & dont celles d'aujourd'huy ſont une ſuite, comme elles en ſont la triſte image; car, ſelon la doctrine des Saints, cette ville de Naïm, qui veut dire beauté, agrément, ſejour délicieux & charmant, n'eſt que la repreſentation de ce lieu de volupté, où le premier homme avoit été mis. Ce jeune défunt qu'on en ſort, n'eſt-ce pas Adam nouvellement formé, mis hors du Paradis par le peché ? ce Cimetiere hors la ville, où l'on porte ce mort, n'eſt-ce pas auſſi la terre, d'où le premier homme avoit été pris, & où on le remit aprés ſon peché ? cette Veuve deſolée qui fond en larmes, qu'eſt-elle autre choſe, que la nature humaine déplorant la malheureuſe condition où le peché a reduit ſes enfans, qui l'a ſeparée du chaſte Epoux auquel elle étoit unie dans la foy, & laquelle peut bien dire avec cette autre ancienne veuve, qui dans le temps de ſa jeuneſſe avoit été l'admiration de tout le monde: Ne m'appellez plus Noëmi, c'eſt à dire Belle, comme on m'appelloit autrefois, mais appellez-moy l'amertume même, parce que le Seigneur m'en a remply ? *Ne me vocetis Noemi, id eſt pulchram, ſed vocate* Ruth. 1. 20. *me mira, quia amaritudine valdè replevit me omnipotens.* Cette troupe de peuple qui conduit le cercueil, & qui honore la pompe funebre, que nous comptons, helas ! entre les proſperitez humaines, n'eſt-ce pas le genre humain luy-même, dont tous les jours de la vie ne ſont que des démarches continuelles au tombeau, & un retour perpetuel vers la terre d'où il eſt ſorty, où chaque particulier porte les autres, & où

Ggggg

enfin on le porte luy-même à son tour ? Saint Ambroise observe que ce cercueil étoit porté par quatre : *hi autem qui portabant loculum*, dit le Texte sacré, circonstance qui ne manque pas aussi de mystere : car, suivant ce saint Docteur, ces quatre porteurs signifient les quatre humeurs qui composent le temperament de l'homme, & qui se faisant continuellement la guerre par leurs contrarietez, ruinent avec le temps sa santé, le portent au tombeau, & le rendent la victime de celle de ces humeurs qui prévaut enfin aux trois autres : *Qui quidem mortuus in loculo materialibus quatuor ad sepulchrum ferebatur elementis ; quid enim aliud, nisi quasi in quodam feretro, hoc est supremi funeris instrumento jacemus exanimes, cùm vel ignis immodicæ cupiditatis exæstuat, vel frigidus humor exundat, vel pigrâ quâdam corporis habitudine vigor hebetatur animorum, vel concretâ noster spiritus labe, puræ lucis vacuus mentem alit : hi sunt nostri funeris portitores.* De plus, ces quatre hommes qui transportent ce défunt de la maison au sepulcre, ne nous insinuënt-ils pas encore, que la mort nous enleve de ce monde avec violence, & malgré nous ? L'homme, qui dans sa premiere institution, & dans le premier dessein de son premier Auteur, avoit été formé pour ne mourir jamais : *Deus creavit hominem inexterminabilem*, ne peut renoncer à la prétention de vivre toûjours, & il faut qu'on l'arrache comme par force de cette vie: Une aussi longue experience que celle de tous les siecles précedens, ne peut le détromper, ni luy ôter le vain desir de cette frivole présomption ; le rocher le plus dur, le marbre & le fer cedent enfin au

Sap. 1. 23.

temps qui devore tout, & l'homme plus fragile que le verre, ne peut se persuader qu'il doive finir : *Templa, saxa, marmora, ferro, plumboque consolidata tamen cadunt, & homo nunquam se putat moriturum,* dit saint Augustin. *Nonne fragiliores sumus quàm si vitrei essemus,* ajoûte le même Pere : *vitrum enim & si fragile est, tamen servatum diu durat, & invenies calices ab avis & proavis in quibus bibunt nepotes.* Le verre ne peut perir que quand on le casse, & l'homme peut être brisé comme le verre, & peut perir en mille autres manieres. Depuis Adam jusqu'à nous, il n'y a eû aucun homme immortel, grands & petits, Rois & peuples, riches & pauvres, Saints & pecheurs, tout est mort. Quel est celuy qui jamais a pû s'exempter de payer la dette commune, dit le Prophete : *Quis est homo qui vivet, & non videbit mortem, eruet animam suam de manu inferi ?* Comment donc se flater de vivre toûjours ? outre les causes internes de destruction que l'homme porte dans son sein, combien d'accidens exterieurs abregent souvent ses jours ? semblable, dit le Sage, aux oiseaux & aux poissons imprudens, il donne dans le lacet de la mort, lorsqu'il s'en défie le moins : *nescit homo finem suum, sed sicut pisces capiuntur hamo, & sicut aves laqueo comprehenduntur, sic capiuntur homines in tempore malo, cum eis ex templo supervenerit.* La Loy du Seigneur prononcée contre Adam, & en sa personne contre tous ses descendans, est irrevocable : Vous mourrez de mort, *morte morieris,* expression qui porte également avec elle la terreur, & la certitude. Nous mourrons tous, dit l'Ecriture, & semblables aux flots précipitez d'un torrent rapide

Ggggg ij

qui s'écoule avec vîtesse, & qui ne remonte jamais vers sa source, nous passons, & nous ne revenons plus : *omnes morimur, & quasi aquæ dilabimur in terram quæ non revertuntur.* Dés qu'un enfant commence à vivre, il commence à mourir, dit saint Augustin, sa maladie est de la même datte que sa formation, & il sort enfin de ce monde, non parce qu'il a été malade en ce monde, mais parce qu'il est entré en ce monde, *ex quo nascitur homo dicendum est, non evadit; quando natus est, ægrotare cœpit, quando mortuus fuerit, finit ægritudinem.* Cependant, plus indociles, & moins excusables que nos premiers parens, créez immortels, & qui n'avoient encore vû mourir personne : nous ajoûtons foy aux mensonges averez du tentateur, qui nous dit, comme autrefois à eux : Vous ne mourrez point, *nequaquam moriemini* ; car, il nous persuade que nous ne mourrons pas, du moins aujourd'huy, ni cette semaine, ni ce mois, ni cette année : & il abolît en nous aussi-bien qu'en eux, quoy que par une voye differente, la pensée d'une mort inévitable. Nous assistons sans cesse aux obseques de nos parens & de nos amis, nous accompagnons leur corps au tombeau, nous leur rendons les derniers devoirs de la sepulture, & comme si nous étions d'une autre espece qu'eux, nous nous promettons un meilleur sort, continuë saint Augustin : *quotidiè moriuntur homines, & qui vivunt deducunt illos, exequias celebrant, & vitam sibi promittunt.* Chaque progrés que nous faisons dans la vie, porte avec luy un caractere de mort, ajoûte le même Pere, *mortibus crescit homo,* un âge fait mourir en nous un au-

tre âge : *cùm accedit ætas una , moritur altera.* La puerilité fait mourir en nous l'enfance, l'adolefcence la
puerilité, la jeuneffe l'adolefcence, la virilité la jeuneffe, la vieilleffe la virilité, & en dernier lieu, la
mort détruit tout : *veniente pueritia , moritur infantia , ve-* <sup>In Pf. 127.</sup>
*niente adolefcentiâ moritur pueritiâ , veniente juventute moritur* <sup>fin.</sup>
*pueritia , veniente fenectute moritur juventus , veniente morte,*
*moritur omnis ætas :* autant d'âges differens , aufquels
l'homme defire de parvenir , autant de morts defi-
re t-il luy arriver : *Quot optas gradus ætatis, tot fimul optas* <sup>Ibid.</sup>
*& mortes ætatum.* Si bien que fa vie n'eft rien qu'un
tiffu de plufieurs morts particulieres jointes enfemble,
& qui fe fuccedent les unes aux autres. Les enfans fi
defirez entrant en ce monde, difent à leurs parens :
Que faites-vous icy ? nous venons occuper vôtre pla-
ce, retirez-vous ? *ad eos gaudes qui nati funt ut excluda-* <sup>Ibid.</sup>
*ris tanquam hoc dicant parentibus , &c.* Que l'homme
compte mal le nombre de fes années, dit ailleurs le
même Pere? car, fuppofé qu'il ait foixante années à
vivre fur la terre, quand il y en vêcu cinquante, il dit :
j'ay cinquante ans, cependant il fe trompe, il ne les
a plus, ils font paffez, il ne luy en refte que dix :
*hæc eft falfa computatio, non enim adduntur anni , fed fub-* <sup>De Ver</sup>
*trahuntur , verbi gratia octoginta annos victurus es , &c.* <sup>Do. 5. 1. &</sup> <sup>17.</sup>
*crefcentibus enim decedunt dies potiùs quàm accedunt,* com-
me quand un joüeur, à qui de foixante pieces d'or,
il n'en refte plus que dix, parleroit mal, s'il difoit
qu'il en a cinquante : le plus fâcheux eft, que les années paffent par nous, & qu'en paffant par nous, elles nous ufent : *tranfeunt per nos , & terunt nos.* Mais
quand toutes ces raifons d'une mort inévitable cef-

Ggggg iij

feroient, comment refifter aux fatellites de l'ange cruel, prépofé à la mort, fous la domination ty-ranique duquel, l'homme affujetty gemiffoit : *&* *juftè traditi fumus antiquo peccatori, præpofito mortis*, dit faint Auguftin, aprés faint Paul : fatellites qui pou-voient enlever l'ame des miferables enfans d'Adam, & la tranfporter, ainfi que ces quatre hommes d'au-jourd'huy tranfportoient le corps du fils de la veuve de Naïm, fans qu'il fût au pouvoir du mourant de refifter ni de fe défendre, dit avec les autres anciens Docteurs, le grand faint Gregoire Thaumaturge : *ne-mo tantis viribus futurus eft, ut angelum animam extor-quentem, arcere ac prohibere poffit.* Verité que cette pa-role du Sauveur nous infinuë : Ils vous demandent vôtre ame : *& animam tuam repetunt à te.* Enfin, ô Arbitre fouverain du fort de l'homme, vous avez feul les clefs de la vie & de la mort : vous nous avez ouvert les portes de la vie, quand il vous a plû de nous y admettre, vous nous ouvrirez celles de la mort, quand il vous plaira de nous en retirer. Nos jours font comptez chez vous, le terme de nos mois y eft précifément marqué, & nous ne pouvons ni les reculer d'un inftant, ni les avancer d'une minu-te : *numerus menfium ejus apud te eft, conftituifti terminos ejus qui præteriri non poterunt.* Le moment du départ ve-nu, il faudra s'en aller fans retardement. Que la na-ture humaine pleure donc la mifere de fa lamentable condition avec la veuve de Naïm, qu'elle fuive com-me elle l'homme livré à la mort, non-feulement jufqu'au lieu de fa fepulture ; mais qu'elle foüille juf-ques dans le creux de fon tombeau : là, qu'elle y

Conf. 7. 21.
Heb. 1. 14.

considere l'état où le peché l'a reduit, & qu'elle pleure sur luy comme sur un fils unique, elle y verra l'ancienne dignité de l'homme, vain sujet de sa superbe humaine, humiliée jusqu'au centre de la terre : *detracta est ad inferos superbia tua.* Un cadavre, autrefois le Chef-d'œuvre des mains de Dieu devenu hideux, affreux, effroyable, *concidit cadaver tuum* : elle verra *Isa. 14. 11* une fourmilliere de vers qui se nourrissent des restes du serpent ancien, dit un Pere : *subter te sternetur tinea, & operimentum tuum erunt vermes* : elle le verra peu aprés reduit en poussiere, & devenu luy-même de la poussiere. Ah, Dieu ! quel spectacle ? de combien de larmes de telles funerailles ne devroient-elles pas être celebrées ? *& ecce defunctus efferebatur filius unicus matris suæ.*

## SECONDE CONSIDERATION.

*Combien grande a été la joye de la nature humaine, quand elle s'est vuë rétablie dans sa premiere dignité.*

Les merveilles exterieures qu'operoit Jesus-Christ sur la terre, avoient trois effets extrémement remarquables. Premierement, elles étoient des preuves éclatantes de son pouvoir divin, & de son autorité absoluë : comme quand il commanda aux flots & aux vents de se calmer, & qu'ils obéïrent ; car alors, les témoins de ce grand miracle se prosternerent à ses pieds, l'adorant & le reconnoissant pour le Fils de Dieu. En second lieu, elles étoient des signes sacrez de quelque grace interieure & spirituelle ; comme

quand il guérit le paralytique, en preuve qu'il avoit
pouvoir de remettre les pechez, & que ceux de ce
malade luy étoient pardonnez : enfin, elles étoient
des arrhes & des pronoftics heureux de nôtre reparation future, ainfi que le fut le miracle d'aujourd'huy;
car la refurrection éclatante de ce jeune homme,
étoit un fymbole de nôtre glorieufe refurrection future, & la joye de cette mere qui recouvroit fon fils,
une legere image de celle qu'aura la nature humaine
quand on luy rendra fes enfans pleinement rétablis
dans leur premiere dignité, & doüez d'une immortalité qui ne fe perdra plus. Telle eft la haute Theo-
logie des Peres, qui ne dédaignent pas d'obferver à
ce fujet, que le premier ris dont les Livres faffent
mention, a été celuy d'Abraham, qui vid le jour du
Seigneur, & qui en treffaillit de joye; car âgé pour
lors de cent ans, & apprenant de l'Ange qu'il auroit
un fils de Sara, fterile & nonagenaire, il fe mit à
rire dans fon cœur, *rifit in corde fuo*, marquant par ce
ris myfterieux, le premier qui foit rapporté dans l'E-
criture depuis la chûte d'Adam, la joye que caufe-
roit au monde nôtre mifericordieux Redempteur, fi
promis, fi prédit & fi attendu, qui par fa naiffance
du fein de la Synagogue décrepite, devoit être la
joye du genre humain, l'épanoüiffement & le ris de
toute la nature plongée jufqu'alors dans les larmes
& dans l'affliction du peché commis, & de la mort
encouruë. Eclairez de ces excellentes lumieres, pui-
fées dans la doctrine des Saints, achevons de bien
pénétrer le refte de nôtre Evangile.

Comme ce Convoy fortoit donc de la ville, qu'on
appercevoit

appercevoir le corps d'un défunt porté par quatre
hommes, une mere en larmes qui fuivoit le cercueil,
un peuple nombreux qui venoit aprés, & le refte
de ce que d'ordinaire on voit dans ces fortes de ce-
remonies lugubres. Voilà le Sauveur qui paroît : il
venoit dans cette même cité de Naïm, fuivi de fes
Difciples, & d'une foule de monde qui l'accompa-
gnoit dans fes Miffions, fans doute pour évangeli-
fer le Royaume de Dieu, y répandre la doctrine ce-
lefte qu'il prêchoit, & la confirmer par fes miracles :
*& ibat in civitatem quæ vocatur Naïm, & ibant cum eo
Difcipuli ejus, & turba copiofa.* Pefons toutes les cir-
conftances de cette venuë inopinée. Premierement,
le Texte facré nous dit, que le Seigneur vid d'abord
cette mere affligée, ce fut le premier objet qui le fra-
pa, *quàm cum vidiffet Dominus* : or ce regard eft toûjours favorable ; dés que le Seigneur arrête fa vûe fur
nôtre mifere, nous commençons de n'être plus miferables : nous fommes fecourus dés que nous fommes vûs ; ainfi le Seigneur vid l'affliction de fon peuple dans l'Egypte, & il le délivra : *vidi afflictionem* *Exod. 3. 7.*
*populi mei, ut liberem eum.* Il vid la penitence des Ni-
nivites, & il leur fit mifericorde : *& vidit Deus ope-* *Jon. 2. 16.*
*ra eorum quia converfi funt de via fua mala, & mifertus*
*eft.* Il vid l'enfant prodigue, & il en fut touché : *vi-* *Luc. 15. 20.*
*dit illum pater ipfius, & mifericordiâ motus eft.* Il vid la
Veuve de Naïm pénétrée de douleur, & il en eut
compaffion : *mifericordiâ motus fuper eam.* Quand quel- *C. 3. 2.*
qu'un fouffre, cela s'appelle mifere, dit faint Auguftin, *cum quis patitur miferia dicitur.* Quand quelqu'un
fouffre de voir un autre fouffrir, cela s'appelle miferi-

Hhhhh

corde, *cùm quis aliis compatitur dicitur misericordia* : de sorte que le Seigneur dans cette occasion se joignit à ceux qui compatissoient à cette pauvre Veuve, & augmenta le deüil public du sien propre ; ce que cette femme & tous les assistans n'avoient pû faire par leurs gemissemens inutiles, ce que la Synagogue & le peuple Juif, ce que la Loy & les Prophetes n'avoient pû operer, pour consoler la nature humaine, veuve de cet Epoux celeste qu'elle avoit perdu par son infidelité, & privée du peuple Gentil comme de son premier né mort à la foy ; le Seigneur le fit d'un seul mot, disant à cette mere affligée : Ne pleurez-pas, *dixit illi : noli flere* : tarissez vos larmes, ne les prodiguez-pas en vain ; la faculté de pleurer, n'a été donnée à l'homme que pour pleurer ses pechez ; qu'il ait perdu son pere, sa mere, son fils, son bien, sa santé, son honneur, dit saint Chrysostome, ses larmes, quelque abondantes qu'elles soient, ne luy rendront rien : qu'il ait perdu l'innocence, la grace, l'heritage celeste, Dieu même, qu'il pleure de regret & de douleur, il recouvrera tout avec usure ; mais la consolation que Jesus-Christ luy donna, ne consista pas en de simples paroles ; car ensuite il s'approcha du mort, il toucha le cercueil de sa main. Ceux qui portoient le corps s'arresterent, & le Sauveur s'adressant au mort, luy dit : Jeune homme, c'est vous à qui je parle : Levez-vous, *adolescens, tibi dico, surge.* A cette voix imperieuse, le mort resuscita, il se leva, il commença à parler, & Jesus-Christ le rendit vivant à sa mere, *& resedit qui erat mortuus, & cœpit loqui, & dedit illum matri suæ.* Comme ce fils avoit été à elle par la naissance, il avoit cessé d'être à elle par la mort. Il faloit que celuy au pouvoir duquel il étoit passé, en cessant de vivre, le fit appartenir une seconde fois à sa mere par titre de donation, en le faisant revivre. Voilà le fait, qui sans doute est grand : voicy le mystere qui l'est encore davantage : *factum audivimus, mysterium requiramus*, dit saint Augustin.

1°. Cette heureuse arrivée de Jesus-Christ, lorsqu'on portoit ce jeune homme en terre, que signifie-t-elle ? sinon la charitable visite, que le Seigneur a bien voulu nous rendre dans les entrailles de sa misericorde, *per viscera misericordiæ suæ, in quibus visitavit nos oriens ex alto ?* Ces Disciples qui viennent aprés luy, representent le nouveau peuple racheté, qui le suit : ce mort, c'est Adam, chaque homme n'étant qu'un autre Adam reproduit. Ce cercueil qui l'enserre, c'est le symbole de ce bois funeste, ou de cet arbre défendu, source de nôtre mortalité, qui deviendra neanmoins la matiere de la Croix, source de nôtre resurrection, aprés que Jesus-Christ l'aura touchée, dit saint Ambroise, *qui quidem mortuus in loculo, &c. spem resurgendi habebat, quia ferebatur in ligno : quod & si nobis ante non proderat, tamen postea quàm Jesus id tetigit, proficere cœpit ad vitam, ut esset indicio salutem populo per crucis patibulum refundendam.* Le Seigneur s'approche, & ces ministres affreux qui portoient le corps du défunt s'arrestent : à l'arrivée du Verbe incarné le flux de nôtre mortalité est suspendu : *audito Dei verbo, steterunt acerbi illius funeris portitores, qui corpus humanum lethali fluxu naturæ materialis urgebant.* A

ces prémices de la refurrection generale, la mort é-
tonnée s'arrête, le Seigneur parle, & les cadavres ref-
fufcitent, continuë faint Ambroife. *Verbo Dei refur-*
*gunt cadavera* ; car l'heure étoit venuë où les morts
devoient entendre la voix du Fils de l'homme, & où
ceux qui l'entendroient vivroient. Le fils de cette
Veuve défolée eft arraché aux horreurs du tombeau,
& rendu vivant à fa mere : *redditur filius matri, revoca-*
*tur à tumulo, eripitur à fepulchro.* Le genre humain re-
couvre le droit à la refurrection, il commence à fe-
coüer le joug tyranique de la mort, & Jefus-Chrift
qui le reffufcite, le redonne plein de vie à l'Eglife,
la nouvelle Mere des vivans : *ab hoc fepulchro te libe-*
*rat Chriftus, ab hoc tumulo refurges fi audias verbum Dei,*
*fi fleat pro te Mater Ecclefia.* C'eft cette pieufe Veuve & cette charitable Mere qui pleure pour fes enfans en general, & pour chacun en particulier, comme pour un enfant unique, lorfqu'elle les voit tranfporter encore au tombeau par le miniftere des vices
mortels qui l'enlevent de la Cité fainte pour le met-
tre en terre : *quæ pro fingulis tanquam pro unicis filiis vi-*
*dua mater intervenit, compatitur enim quodam fpiritali dolo-*
*re naturæ cùm fuos liberos lethalibus vitiis ad mortem cernit*
*urgeri.* Ces troupes qui louënt Dieu de cette refurrection, *& magnificabant Deum,* difant & publiant hautement que le Seigneur avoit vifité fon peuple, *& quia*
*Deus vifitavit plebem fuam,* reprefentent les fentimens
de reconnoiffance des fidelles envers Jefus-Chrift de
les avoir délivrez de l'empire de la mort, en fubif-
fant luy-même la mort : *laudabant etiam Deum, qui tan-*
*ta nobis remedia vitandæ mortis indulferit.* On peut donc

d're encore, que cette veuve affligée de la mort temporelle de son fils, est l'image toute naturelle du dueil
de l'Eglise dans la mort spirituelle de ses enfans.
Naïm cette ville heureuse, d'où sort ce défunt, est
la maison paternelle d'où l'enfant prodigue s'en va ;
cette mere qui pleure la perte de son fils, est l'Eglise,
qui gemit sur l'égarement du pecheur ; ce peuple
affligé, la societé des Saints avec lesquels il étoit en
commnnion : le Sauveur qui survient, la grace de
la conversion qui se presente : les porteurs qui s'arrê-
tent, les tentations qui se ralentissent : Jesus-Christ
qui met la main sur le cercueil, la crainte de la mort
& de l'enfer, dont il frappe le pecheur : le défunt
qui parle & qui se leve, le penitent qui confesse son
crime & qui fait des œuvres de vie : l'enfant ressusci-
té qu'on rend à sa mere, la brebis recouvrée qu'on
ramene au bercail ; les assistans qui benissent. Dieu
de ce miracle, l'édification que donne au monde un
tel changement.

Sainte Monique, cette pieuse mere, cette veuve
irreprehensible, nous est une explication toute litte-
rale de cette Parabole Evangelique : son fils Augustin étoit sorty de la Jerusalem terrestre, ou du sein
de l'Eglise Catholique par ses erreurs, elle le suivit
par tout, elle le pleura sans cesse, cherchant avec ge-
missement ce qu'elle avoit enfanté avec douleur, dit
son fils luy-même, *querens cum gemitu, quod pepererat
cum dolore.* L'impieté, la luxure, l'ambition, l'or-
gueil, étoient les quatre vices qui le portoient en enfer : Jesus-Christ, dans saint Ambroise, se presenta
à luy : il arrêta ces quatre funestes porteurs, il tou-

H h h h h iij

cha fon cœur, il luy ordonna de fe réveiller du fommeil du peché, il le rendit vivant à l'Eglife, & tout le peuple Chrétien benit Dieu, & le benira à jamais de cette admirable refurrection.

Mais pour revenir où nous en étions, & à des vûës plus generales, il eft certain que l'homme dépoüillé des qualitez & des prérogatives de fa premiere formation, étoit devenu par fon crime un être bien moins excellent qu'il n'étoit auparavant, fur tout aprés que le Seigneur luy eût dit : Vous êtes terre, & que l'homme eût été livré à celuy auquel il avoit auffi été dit : Vous mangerez la terre : c'eft ce que faint Auguftin enfeigne en ces termes : *Quod verò ait : terra es : oftendit totum hominem in deterius commutatum , & ei traditum , cui dictum fuerat , terram manducabis.* Mais , parce que le fouverain Ouvrier, pour faire davantage éclater fa magnificence & fon pouvoir , & comme pour fe furpaffer luy-même, donne toûjours à fes ouvrages, quand il les refait, une forme plus noble que la premiere ; ainfi voulant reparer l'homme , il l'a non feulement remis dans fon premier luftre , mais il l'a élevé à une dignité beaucoup plus éminente que celle dont il l'avoit d'abord orné dans l'état d'innocence. La grace a furnagé au peché commis , dit faint Bernard aprés l'Apôtre , & le bienfait de la regeneration de l'homme l'a emporté pardeffus le bienfait de fa création : *omnia reparantur nec fine magno fœnore gratiarum, non enim ficut delictum ita & donum , fed excedit damni æftimationem, beneficii magnitudo.* De forte que nôtre divin Redempteur, loin d'achever de brifer l'homme,

Lib. 13. de Tri. c. 12.

In Offi. 10.

ce vase d'argile à demy rompu, l'a refait de nouveau,
& la rendu un chef-d'œuvre plus merveilleux de sa
sagesse & de sa misericorde, qu'il ne l'avoit été de sa
grandeur & de sa puissance : *sic nimirum clementissimus
artifex, quod quassatum erat non confregit, sed utilius om-
nino refecit.* Une si importante verité, & si essentiel-
le à la Religion, se découvre aisément, si l'on veut
considerer l'homme avec des yeux de la foy, dans
l'ordre de la nature, de la grace & de la gloire.

Peut-il avoir été reparé plus avantageusement dans
l'ordre de la nature, puisque le Seigneur, en se ren-
dant participant de la nature humaine, a rendu
l'homme participant de la nature divine même ? Seigneur, dit tous les jours le Prestre, en offrant la divine
Hostie qui nous a merité cet honneur : Vous qui for-
mâtes l'homme dans une dignité incomparable, &
qui l'avez reparé d'une maniere encore plus merveil-
leuse : : *Deus qui humanæ substantiæ dignitatem mirabiliter
condidisti, & mirabilius reformasti* : Accordez-nous de
participer à la divinité de celuy, qui n'a pas dédaigné
de participer à nôtre humanité, *da nobis ejus divinitatis esse consortes, qui humanitatis nostræ factus est particeps.*
Cette importante & consolante doctrine est prise de
de l'Apôtre saint Pierre, ou plûtôt, c'est le saint Esprit luy-même qui l'a apprise aux hommes ; car,
quelle langue mortelle eût osé parler ainsi ? il nous
assure que nous avons reçû par Jesus-Christ des dons
tres-grands & tres-précieux, *per quem maxima & pre-* 2. 1. 4.
*tiosa nobis promissa donavit,* & jusqu'à être devenus participans de la nature divine, nous qui jusques-là n'é-
tions que des branches seches & steriles, s'il est per-

mis de s'exprimer ainſi de la nature humaine, gâtée &
corrompuë dans ſa racine : *ut per hæc efficiamini divinæ
conſortes naturæ.* Reconnoiſſez-donc, ô Chrétiens ! vôtre dignité ſuprême, s'écrie ſaint Leon, & puiſque
vous avez été faits participans de la nature divine,
gardez vous bien d'aller de nouveau ſoüiller vôtre
nature ſi magnifiquement reparée, dans l'ordure de
vôtre ancienne corruption : *agnoſce ergo, Chriſtiane, dignitatem tuam, & divinæ factus conſors naturæ, noli in
veterem vilitatem degeneri converſatione tranſire.* Et comme le don d'immortalité eſt un apanage de la nature
divine, & en quelque façon une proprieté qui en
émane ; nous ſommes par conſequent entrez en poſ-
ſeſſion de ce don divin ſi excellent, car l'Egliſe pu-
blie hautement que le Verbe éternel s'eſt couvert de
nôtre humanité pour nous revêtir de la robe préc
cieuſe de ſa divinité, qu'il a ſubi les rigueurs de nôtre mort pour nous faire goûter les plaiſirs de ſa vie,

Praf. Aſcen.

*ut nos divinitatis ſuæ tribueret eſſe participes : quia cùm uni-
genitus tuus in ſubſtantia noſtræ mortalitatis apparuit, novâ nos*

Prf Epi-
phan.

*immortalitatis ſuæ luce reparavit.* Quand l'homme eût
perſeveré dans l'état d'innocence, il n'eût été participant que de la nature humaine en Adam : par le
bienfait de l'Incarnation, il participe à la nature divine en Jeſus-Chriſt : il n'eût joüy dans le Paradis terreſtre que d'une immortalité créée, attachée à un
fruit materiel & corruptible ; par les merites de la
mort de Jeſus-Chriſt, il joüit de l'immortalité de

. Cor. 15.
27.

Dieu même, *novâ nos immortalitatis ſuæ luce reparavit ;*
il n'eût été que l'enfant d'un pere terreſtre : *primus
homo de terra terrenus,* il eſt à preſent le Fils du Dieu
celeſte :

celeste : *secundus homo de cœlo cœlestis :* & par le plus glo-
rieux de tous les Commandemens, il luy est deffendu d'appeller personne du nom de Pere, que Dieu
seul : *& Patrem nolite vocare vobis super terram , unus est* Mat. 23. 9.
*enim Pater vester qui in cœlis est.* Autant que Jesus-Christ
est audessus du premier pere Adam, autant les Chrétiens regenerez en Jesus-Christ, sont-ils audessus des
enfans d'Adam : vous n'auriez étéque les heritiers
d'Adam, & les coheritiers des enfans d'Adam : vous
êtes les heritiers de Dieu , & les coheritiers de Jesus-
Christ : *si filii & hæredes, hæredes quidem Dei, cohære-* Rom. 8. 17.
*des autem Christi.* Qui peut assez exalter la misericorde divine , d'avoir reparé nos ruines avec tant d'avan-
tage ? d'avoir enrichy nôtre pauvreté d'une telle a-
bondance ? de nous faire appeller fils adoptifs de
Dieu , & de l'estre en effet ? *Videte qualem charitatem* 1. Joa. 3. 1.
*dedit nobis Pater , ut filii Dei nominemur & simus.* Quand
même le premier homme n'eût pas peché , nous n'au-
rions été que des hommes , nous sommesappellez des
dieux , depuis que Dieu s'est fait appeller homme :
& l'Apôtre nous tourne à crime , de ce que nous
sommes encore des hommes : *nonne homines estis ?* que 1. Cor. 3. 4.
veut-on donc que nous soyons ? *quid nos ergo vult facere* s. 13. de
*ex hoc quod sumus, qui sic culpat quod homines sumus ?* s'écrie Verb. Dom.
saint Augustin : Voulez-vous le sçavoir , répond ce no. edi. 166.
grand Docteur : *vultis scire quid nos velit facere ? audite* p. 101.
*Psalmum : Ego dixi Dii estis , & filii Excelsi omnes.* On
n'éxige rien moins de vous , ô Chrétiens ! si ce n'est
que vous soyez des dieux , & que la prédiction de
l'ancien serpent s'accompisse malgré luy en vous ,
*eritis sicut Dii.* Qui peut , aprés cela , nier la préemi-

nence de la nature reparée , par deſſus la nature innocente ? & qui peut par la même raiſon ne pas ainſi
raiſonner de la grace , & ne pas dire , qu'autant
que Jeſus-Chriſt eſt élevé audeſſus d'Adam , autant
la grace du nouvel homme eſt-elle élevée au deſſus
de celle de l'ancien : que la grace qui découle d'un
homme Dieu, doit l'emporter infiniment ſur celle
qui n'eût découlé que d'un pur homme , & qui
n'eût découlé que ſur des hommes; mais les Anges,
auſſi bien que les hommes , ſont devenus les membres de ce Dieu-homme, & les uns ni les autres
n'ont rien reçû qui ne ſoit émané de la plenitude de
ce Roy des Anges & des hommes, & de cet hom-
me-Dieu Enfin, à quel dégré de gloire n'a pas mon-
té la nature humaine, & de quelle joye n'a-t-elle pas
été comblée avec la Veuve de Naïm, lorſque délivrée de l'opprobre de ſa ſterilité, & de la ſolitude
de ſa viduité, elle s'eſt réünie à ſon celeſte Epoux,
qui luy a rendu ce fils unique, le genre humain, re-
preſenté par le fils de cette Veuve d'aujourd'huy :
*Quàm cùm vidiſſet Dominus miſericordiâ motus ſuper eam,*
*dixit illi : Noli flere, & acceſſit & tetigit loculum, &*
*ait : aduleſcens , tibi dico , ſurge , & reſedit qui erat mor-*
*tuus, & cœpit loqui , & dedit illum matri ſuæ.* Figure
myſterieuſe de la charité exceſſive de Dieu ſur
nous , dit l'Apôtre ſaint Paul ; car lorſque nous
étions morts par le peché, *cùm eſſemus mortui pecca-*
*tis,* lorſqu'on nous portoit déja au tombeau, il nous
a rendu la vie en Jeſus-Chriſt, *convivificavit nos in*
*Chriſto :* il nous a reſſuſcitez avec Jeſus-Chriſt, *con-*
*reſſuſcitavit :* il nous a fait aſſeoir dans le Ciel avec

Jesus-Christ : *confedere fecit in cœlestibus in Christo Je-su.* Telle a été la joye de la nature humaine, quand elle s'est vûë délivrée des horreurs de la mort, & de la pourriture, & associée à la gloire de la Resurre-ction en Jesus-Christ, Quels transports d'allegresse pour tout le genre humain, qui ne doit jamais ces-ser de dire : C'est icy le jour que le Seigneur a fait, venez, & réjoüissons-nous en luy : *Hæc dies quam fecit Dominus, exultemus & lætemur in ea.* O heureux peché ! puisqu'il a merité d'avoir un tel Redempteur. *O felix culpa ! quæ talem ac tantum meruit habere Re-demptorem.* O mort aimable ! puisqu'elle a été rem-placée par une telle vie. O tristesse desirable ! puis-qu'elle a été suivie d'une telle joye. O larmes benî-tes ! puisqu'une telle main les a essuyées. O inesti-mable bienfait de nôtre reparation ! combien l'em-portez-vous par dessus le bienfait de nôtre premiere formation, & combien le nouveau Temple consa-cré par la presence de Jesus-Christ, est-il plus magni-fique que l'ancien Temple construit par Salomon ?

Finissons cette Homelie par une histoire celebre tirée des Actes les plus autentiques des Martyrs, & voyons dans une mere chrétienne autant de joye de voir mourir son fils pour Jesus-Christ, que la Veu-ve de Naïm en eut, de voir ressusciter son fils par Jesus-Christ.

SOus l'Empereur Aurelien, & lorsque le feu d'une sanglante persecution étoit allumé contre l'Eglise, qu'on publioit par tout des Edits, qui n'alloient à rien moins qu'à éteindre la Religion Chrétienne, ſaint Symphorien ſe rendit celebre par les combats qu'il ſoûtint pour la Foy dans la ville d'Autun. Il étoit fils d'un homme de qualité, nommé Fauſte, & iſſu d'une famille Chrétienne, inſtruit dans les belles Lettres, & formé aux bonnes mœurs : tout jeune qu'il étoit, il ſurpaſſoit déja les vieillards par la candeur & par la ſincerité d'une vie irreprochable.

A peine étoit-il ſorti de l'enfance, qu'il donna l'eſperance du monde la plus avantageuſe de luy, faiſant éclater en ſa perſonne tant de vertus, qu'un chacun le regardoit avec admiration; on voyoit en cet aimable Enfant une ſageſſe toute celeſte, & une charmante ſimplicité, ornée de dons celeſtes, comme d'autant de pierres précieuſes.

Il fut baptiſé par ſaint Benigne, & tenu ſur les Fonts par ſaint Andoche, deux Martyrs envoyez dans les Gaules par ſaint Polycarpe auſſi Martyr, & Diſciple du bien-aimé Apôtre, pour y prêcher l'Evangile. Fortifié de tant de ſecours, il ſe garantit de la corruption du ſiecle, & commença de mener une vie tout à fait ſainte.

Autun, une des plus anciennes & des plus fameuſes villes des Gaules, & tout enſemble des plus ſuperſtitieuſes, s'abandonnoit alors à toute ſorte d'Idolatrie. Or, un jour que le peuple étoit aſſemblé pour honorer ces fauſſes Divinitez, on préſenta au Juge nôtre Symphorien arrêté comme ſeditieux, parce qu'il n'avoit pas voulu ſe proſterner devant les Idoles. Le Preſident aſſis ſur ſon Tribunal, luy dit: Quel eſt vôtre nom & vôtre condition. Le ſaint répondit : Je ſuis Chrétien, & je m'appelle Symphorien. Vous êets Chrétien, répondit le Juge ? Comment est-ce que vous avez échappé à nôtre vigilance, nous qui recherchons si soigneusement les gens de cette Profession, pour les faire mourir ? Symphorien repartit : Je vous ai déja dit que je suis Chrétien, que j'adore le vray Dieu regnant au Ciel, & que loin de de reverer vos Simulachres, je ne demande qu'à les briser à coups de marteaux, si j'en avois la liberté. Voicy non seulement un sacrilege, mais de plus un rebelle, dit le President. Est-il Citoyen de cette Ville? Les Officiers répondirent, ouy, & d'une noble famille. Peut-être, ajoûta le Juge, qu'enflé de son credit, il croit que son impieté demeurera impunie? Qu'on luy life tout haut l'Ordonnance des Empereurs. On le fit aussi tost en ces termes : L'Empereur Aurelien, A tous les Officiers de l'Empire : Nous avons appris que certaines gens, qui se disent Chrétiens, violent nos Loix : C'est pourquoy, nous vous ordonnons de vous saisir de leurs personnes, & s'ils refusent de sacrifier aux Dieux, de les faire mourir dans les tourmens, afin que nos défenses soient soûtenuës par la rigueur des châtimens, & que la punition des crimes en arrête le progrés.

Aprés cette lecture, le President s'adressant à Symphorien, luy dit : Que répondez-vous à cela ? Pouvons-nous renverser les Ordonnances des Princes ? Vous êtes accusé de deux crimes, d'impieté envers les Dieux, & de désobéïssance envers les Loix. Que si vous ne reparez ce double attentat, il faudra l'expier par l'effusion de vôtre sang. Symphorien repartit qu'il étoit Chrétien, que les faux Dieux n'étoient que des Demons, & qu'il ne transferoit point l'honneur dû au Createur, à de malheureuses creatures.

Le Juge voyant sa fermeté, le fit battre avec des verges, & l'envoya en prison. Quelques jours aprés, il le fit ramener devant luy : Cet enfant de lumiere sortit de ce lieu de tenebres, & celuy qui s'en alloit regner à jamais avec Dieu, fut tiré hors du cachot. Les liens avoient meurtry ses membres, qui paroissoient enflez d'un sang noir & livide, mais son ame contente au milieu des douleurs n'avoit pas moins de joye de voir son sang corrompu, que s'il eût été épanché. Le Juge le considerant en cet état, luy remontra qu'il feroit bien mieux d'adorer les Dieux; qu'il luy offroit une somme d'argent du trésor public, & une Charge honnorable dans la Milice, ou qu'en dernier lieu, s'il ne vouloit pas fléchir les genoux devant les Idoles, il eût à le déclarer. A quoy le saint jeune homme répondit : Qu'il étoit inutile de luy tenir de semblables discours, ni d'esperer de le faire relâcher de sa resolution. Sacrifiez aux Dieux, luy dit le Presfident, & je vous combleray d'honneur. Jesus-Christ est le bonheur que j'attends, & le trésor que j'espere, répondit Symphorien. Vous lassez ma patience, ajoûta le Juge, & si vous ne sacrifiez aux Dieux, je vous feray déchirer & & mourir dans les tourmens. Je ne crains que Dieu, repliqua Symphorien; car, quoy que vous ayez pouvoir sur mon corps, mon ame n'est point soûmise à vôtre autorité. Il se mit ensuite à exposer les infamies des Dieux prétendus, que les Payens adoroient avec tant de superstition. Le Juge enflâmé

de colere, prononça sur le champ la Sentence de
mort en ces termes : Nous ordonnons que Symphorien, coupable d'un crime public, qui refuse de sacrifier aux Dieux, & qui méprise les sacrez Autels, perisse
par le glaive, & que l'on vange ainsi les Dieux & les
Loix. L'Arrest prononcé, on traîne cette innocente
Victime pour l'immoler, hors la ville : Sa bonne Mere, qui étoit une Dame venerable, le voyant passer,
cria du haut des murailles : Mon cher enfant, mon cher
enfant, Symphorien, ayez dans vôtre esprit le Dieu
Vivant : prenez courage, & perseverez constamment
jusqu'à la fin : Pourquoy craindre une mort qui tres-
asseurément conduit à la vie ? Elevez vôtre cœur, mon
fils, & regardez celuy qui regne dans les Cieux : On
ne vous ravit pas la vie, on vous la change en une meil-
leure. Auiourd'huy, mon cher enfant, vous change-
rez ce monde miserable, en une éternelle felicité.

On conduisit donc ce saint Martyr hors la Ville,
& on luy coupa la tête. Son Corps fut enlevé secre-
tement par les Fideles, & inhumé dans un petit ca-
veau, où depuis il se fit tant de Miracles, que ce lieu-
là devint celebre, non seulement parmy les Chrétiens,
mais aussi parmy les Infidelles, que ces prodiges at-
tiroient de toutes parts.

F I N

*Juin* 1707.

www.ingramcontent.com/pod-product-compliance
Ingram Content Group UK Ltd.
Pitfield, Milton Keynes, MK11 3LW, UK
UKHW031737170726
13836UKWH00002B/714